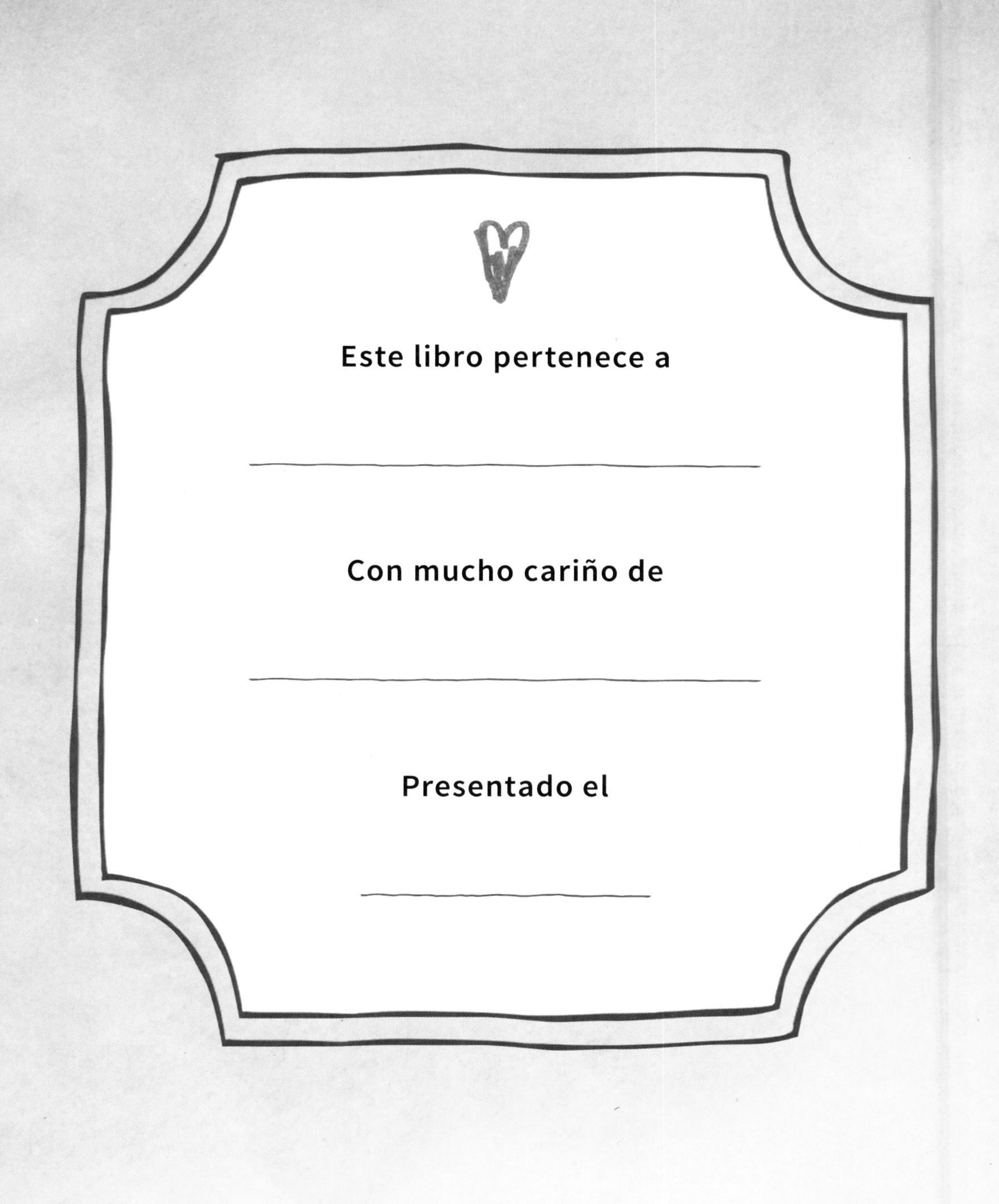
Este libro pertenece a
Con mucho cariño de
Presentado el

Querido Papa Francisco

escrito por el Papa Francisco y niños de todo el mundo

En conversación con Antonio Spadaro, S.J.

Editor ejecutivo del proyecto: Tom McGrath

LOYOLA PRESS.
UN MINISTERIO JESUITA
Chicago

Dedicado a los niños

LOYOLA PRESS.
UN MINISTERIO JESUITA

3441 N. Ashland Avenue
Chicago, Illinois 60657
(800) 621-1008
www.loyolapress.com

Autor: Su Santidad el Papa Francisco

Editor: Antonio Spadaro, S.J., *La Civiltà Cattolica*

Editor ejecutivo del proyecto: Tom McGrath, Loyola Press

Título original en inglés: *Dear Pope Francis*.
Edición y traducción al español de Santiago Cortés-Sjöberg y María J. Martínez Cuadrado

Diseño de la cubierta: Jill Arena, Loyola Press

Artista de producción: Becca Gay, Loyola Press

Ilustraciones: niños de todo el mundo

Ilustración de la portada: Judith, Bélgica, 9 años

Ilustración de la contraportada: Janice, China, 7 años

Reconocimientos: Servicio fotográfico del L'Osservatore Romano (p. 69, todos lor derechos de imagen y autor reservados); iStock.com/donatas1205 (endsheet); iStock.com/iconeer (p.70–71)

ISBN-13: 978-0-8294-4435-3
ISBN-10: 0-8294-4435-1

Número de Control de la Biblioteca del Congreso: 2015957133

Impreso en los Estados Unidos de América.

15 16 17 18 19 20 21 22 Bang 10 9 8 7 6 5 4 3 2 1

Gracias por enviarme sus cartas.

Me han llenado de alegría.

Franciscus

Querido Papa Francisco:

Cuando te vi en la plaza de San Pedro sentí una gran alegría cuando me miraste. ¿Qué sientes cuando miras a los niños que hay a tu alrededor? Gracias por tu atención.

Un abrazo de João.

Edad: 10 años
Portugal

Querido Papa Francisco,

Quando o vi na Praça de São Pedro senti uma grande alegria porque olhou para mim. O que sente quando olha para as crianças à sua volta?

Obrigado pela sua atenção.

Um abraço do João.

Querido João:

Me preguntas qué siento cuando miro a los niños. Sí, veo a muchos niños. . . y puedo sonreír y mandarles abrazos y besos también cuando voy en el auto porque tengo las manos libres: ¡no tengo que manejar yo, aunque tú me dibujaste manejando!

Y soy feliz cuando los veo. Siento siempre tanta ternura, tanto cariño. Pero no es solo esto. En realidad, cuando miro a un niño como tú, siento surgir en mi corazón mucha esperanza, porque para mí, ver a un niño es ver el futuro. Sí, siento una gran esperanza porque cada niño es una esperanza para el futuro de la humanidad.

Franciscus

Querido Papa Francisco:

Me gustaría saber más cosas de Jesús. ¿Cómo hizo para caminar sobre el agua?

Con cariño,
Natasha

Edad: 8 años
Kenia

Dear Pope Francis,

I would like to know more about Jesus Christ. How did he walk on water?

Querida Natasha:

Tienes que imaginarte a Jesús caminando con naturalidad, con normalidad. No volaba sobre el agua ni iba dando volteretas mientras nadaba. Caminó como caminas tú, como si el agua fuese tierra: un pie delante del otro, viendo los peces nadando felices y veloces bajo sus pies.

Jesús es Dios y puede hacerlo todo. Hasta puede caminar tranquilamente sobre el agua. Dios no se hunde, ¿sabes?

Franciscus

Querido Papa Francisco:

Nuestros familiares fallecidos, ¿pueden vernos desde el cielo?

Emil

Edad: 9 años
República Dominicana

Querido Papa Francisco:

Nuestros familiares fallecidos, ¿Pueden vernos desde el cielo?

Emil

Querido Emil:

Ten la seguridad de que sí te pueden ver. Imagino que estás pensando en tus parientes que están en el cielo. Tú no los ves pero sí, cuando Dios lo permite, ellos nos ven por lo menos en algunos momentos de nuestra vida. No están lejos de nosotros, ¿sabes? Ellos rezan por nosotros y cuidan de nosotros con cariño. Esto es lo importante.

Puedes imaginar así a tus parientes fallecidos: sonriéndote desde el cielo. Tú los dibujaste volando junto a mí, pero ellos "vuelan" junto a ti y te acompañan con cariño.

Franciscus

Querido Papa Francisco:

Es un honor hacerte mi pregunta. Mi pregunta es: ¿qué hacía Dios antes de que fuera creado el mundo?

Sinceramente,
Ryan

Edad: 8 años
Canadá

Dear pope Francis

It's an honour to ask you my question. My question is what did God do before the world was made?

Sincerely,
Ryan

Querido Ryan:

En la creación hay belleza, están la infinita y eterna ternura y misericordia de Dios. Dios comenzó a hacer algo cuando creó el mundo. Pero si te dijera que Dios no estaba haciendo nada antes de crear el mundo, me equivocaría. En realidad, Dios ha creado también el tiempo, o sea el "antes" y el "después". Pero no quiero confundirte con estas palabras. Piensa en ello así: antes de crear, Dios amaba. Esto es lo que hacía Dios: Dios amaba. Dios ama siempre. Dios *es* amor. Cuando Dios comenzó a crear el mundo estaba simplemente expresando su amor. Pero antes de hacer cualquier cosa, Dios era amor y Dios amaba.

Franciscus

Querido Papa Francisco:

¿Cuál es tu lugar favorito para rezar y por qué?

De Josephine

Edad: 8 años
Reino Unido

Dear Pope Francis,

Where is your favourite place to pray,

and why?

From Josephine.

Querida Josephine:

Sabes, a mí me gusta rezar en todas partes. Puedo rezar también en mi escritorio o en mi sillón en la salita. Muchas veces por la noche estoy cansado y no bajo a la capilla, sino que me quedo en mi cuarto y rezo allí. Pero me gusta mucho estar en la iglesia frente al Santísimo Sacramento. Lo hago a menudo. Me gusta mucho ir allí y quedarme en silencio ante Dios. Pero también puedo rezar mientras camino o incluso cuando voy al dentista. A Dios lo encuentro en todas partes.

Franciscus

Querido Papa Francisco:

Tú ya no eres muy joven y ya has hecho muchas cosas. ¿Qué más quieres hacer en tu vida para hacer que el mundo sea más bello y justo?

Saludos,
Hannes y Lidewij

Edad: 9 años, mellizos
Holanda

Texto del dibujo:
Pasado, Presente, Futuro

Queridos Hannes y Lidewij:

Me gustaría hacer muchas cosas. Me gustaría sonreír siempre, sonreír a Dios ante todo para agradecerle todo el bien que hace a la gente. Quisiera dar las gracias a Dios por su paciencia. ¿Han pensado cuánta paciencia tiene Dios? Dios es muy paciente. Dios nos aguarda, nos espera.

Quisiera ayudar a la gente que sufre, hacerlo de manera que no haya más injusticias, o por lo menos que no haya tantas. Quisiera ayudar a los niños a conocer a Jesús. Me gustaría que no hubiera más esclavos en el mundo. Hay muchos esclavos todavía en el mundo. Muchos. Eso es lo que me gustaría hacer, pero soy viejo y me queda poco hilo en el carrete así que. . . Dios dirá. . .

Franciscus

Su Santidad:

Mi abuelito, que no es católico pero que tampoco está dispuesto a hacer el mal, ¿irá al cielo cuando muera? Quiero decir, si una persona nunca hace penitencia, ¿qué grande tiene que ser el pecado que cometa para que descienda al infierno?

Que Dios le bendiga,
Ivan

Edad: 13 años
China

我的爷爷不信天主，但他也不会做什么坏事，他是会上天堂吗？亦或是一个人在没有忏悔的情况下，犯了多大的错，才会下地狱呢？

天主保佑！十

—[illegible] Ivan

Querido Ivan:

Jesús nos ama muchísimo y quiere que todos vayamos al cielo. La voluntad de Dios es que todos nos salvemos. Jesús nos acompaña hasta el último momento de nuestra vida para que podamos estar siempre con él. Las apariencias pueden engañar, claro. Por ejemplo, hay quien imagina que si uno no sigue todas las reglas de la Iglesia al pie de la letra, irá con certeza al infierno. Pero en cambio, Jesús está junto a nosotros hasta el último momento de nuestra vida para salvarnos.

Una vez, una señora acudió a un sacerdote santo que se llamaba Juan María Vianney, párroco de Ars en Francia. Se puso a llorar porque su marido se había suicidado tirándose de un puente. Estaba desesperada porque imaginaba que su marido seguramente estaba en el infierno. Y sin embargo, el padre Juan María, que era un santo, le dijo: mira que entre el puente y el río está la misericordia de Dios.

Franciscus

Querido Papa Francisco:

Cuando eras niño,

¿te gustaba bailar?

Prajla

Edad: 6 años
Albania

Kur ishe fëmijë të pëlqente
të kërceje?

¡Y tanto que me gustaba, querida Prajla!

¡Me gustaba mucho, mucho! Me gustaba estar con otros niños, hacer la ronda, pero también bailar nuestros bailes típicos de la Argentina. Me divertía mucho. Luego, de joven me gustaba bailar el tango. Me gusta mucho el tango. Porque mira, bailar es expresar el gozo, la alegría. Cuando uno está triste no puede bailar. Generalmente los jóvenes tienen una gran ventaja: están contentos. Y por eso, cuando somos jóvenes, bailamos y así expresamos la alegría del corazón.

Hasta el gran rey David cuando conquistó Jerusalén convirtiéndola en la Ciudad Santa, hizo transportar solemnemente en procesión el Arca de la Alianza y se puso a bailar frente al arca. No se preocupó de las formalidades, se olvidó de comportarse como un rey ¡y se puso a bailar como un niño! Pero Mical, su mujer, viéndolo desde la ventana saltar y bailar, se rió de él y lo despreció en su corazón. Esta mujer tenía la enfermedad de la seriedad, "el síndrome de Mical", como lo llamo yo. La gente que no puede expresar la alegría está siempre seria. ¡Bailen ahora que son niños, así no serán demasiado serios cuando sean grandes!

Franciscus

Querido Papa Francisco:

Si Dios nos ama tanto y no quiere que suframos, ¿por qué no derrotó al diablo?

De Alejandra

Edad: 9 años
Perú

Querido Papa Francisco

¿Si Dios nos ama tanto y no quiere que suframos, por qué no derrotó al Diablo?

Querida Alejandra:

Dios *derrotó* al diablo y lo hizo en la cruz. Lo ha vencido, pero a su manera. El diablo es un perdedor, ha sido vencido. ¿Sabes cómo son los dragones? Tienen una cola muy larga, y aún después de muertos, la cola continúa agitándose un rato. Pues al diablo le sucede como a los dragones grandes y espantosos cuando los vencen y los matan: su cola se sigue moviendo y puede hacer daño. Puedes ver esto, de una manera más sencilla, también con las lagartijas cuando pierden la cola: aun desprendida del cuerpo, la cola continúa moviéndose. La muerte de Jesús venció a la muerte. El diablo es un perdedor, no lo olvides. Es como un dragón o un dinosaurio peligroso que agita la cola un rato aunque ya está muerto.

O bien, te sugiero otra imagen: el diablo es como un perro atado que ladra y gruñe, pero si no te acercas, no puede morderte.

Franciscus

Querido Papa Francisco:

¿Qué te hace feliz en tu trabajo como Papa?

Judith

Edad: 9 años
Bélgica

Querida Judith:

Me hace feliz estar con la gente. Eso me hace feliz. Si no puedo estar con la gente, estoy con Jesús y le hablo de la gente. Yo no me imagino solo.

Judith, me gusta tu dibujo. Me imagino como tú me dibujaste: de la mano contigo y con tus amigos. Estar junto a los demás me hace feliz. Y yo, como papa, siento que debo estar con la gente.

Franciscus

Querido Papa Francisco:

¿Por qué Jesús eligió

a esos 12 apóstoles

y no a otros?

Besos,
Juan Pablo

Edad: 10 años
Argentina
En la foto, Juan Pablo
con su hermana Carolina

Querido Papa Francisco,

¿ Porqué Jesús eligió a esos 12 apóstoles y no a otros?

Besos, Juan Pablo

¡Buena pregunta, querido Juan Pablo!

¿Por qué Jesús elige a esta persona o a la otra? Mira, Jesús no elige a las multitudes, sino a cada persona, una por una. Es así como esos 12 fueron elegidos como apóstoles. Nosotros, tú y yo, también hemos sido elegidos, con nombre y apellido. Yo fui elegido como Jorge Mario y tú como Juan Pablo. Fuimos elegidos para ser sus amigos y hacer algo en la vida.

Todos somos elegidos por el amor de Jesús, pero cada uno de una manera personal, uno por uno, no todos en grupo. El amor de Jesús nos hace sentirnos elegidos. Si luego uno se siente excluido de este amor, entonces tiene que preguntarse a sí mismo por qué se siente así. Jesús no excluye nunca a nadie de su corazón. ¡Qué bonito es el corazón rojo que me dibujaste!

Franciscus

Querido Papa Francisco:

Espero que leas mi carta. Te he querido ver desde la primera vez que supe de ti. Papa Francisco, ¿sabes por qué algunos papás y mamás discuten entre ellos?

Te quiere,
Alexandra

Edad: 10 años
Filipinas

Dear Pope Francis,

I hope you read my letter. I wanted to see you eversince I heard about you. Pope Francis, do you know why some parents argue each other?

Love, Alexandra

Querida Alexandra:

Todos discutimos. Todos somos humanos. Yo también he discutido. Al vivir con otras personas siempre surgen problemas. No tienes que asombrarte de eso, es normal. A mí me gusta una cosa, al otro le gusta otra. A veces uno está de acuerdo y a veces no. Tú también, estoy seguro, te peleas de vez en cuando con tus compañeros. Pero luego la vida sigue adelante y las dificultades se superan. Es normal que la gente discuta. Y así pues también los padres lo hacen.

Pero hay una receta mágica para resolver las peleas, ¿sabes? y es que los padres nunca terminen el día sin hacer las paces. Si uno se lleva dentro este malestar por la noche, se crea una frialdad que luego por la mañana es difícil superar. ¡Nunca termines el día sin hacer las paces! En tu dibujo estamos tú y yo, y sonreímos y hay un arco iris que surge de las nubes, sale el sol. . . ¡Esa es la paz! Si quieres ayudar a tus padres, te aconsejo sobre todo nunca hablar mal de tu papá a tu mamá y de tu mamá a tu papá. Mantente cerca de tu mamá y de tu papá y habla bien de ellos. Eso será bueno para todos.

Franciscus

Querido Papa Francisco:

¿Cómo puede oírnos Dios?

¡Que Dios te bendiga!

Te quiere,
Ryan

Edad: 7 años
Estados Unidos de América

Dibujo del Bautismo de Ryan

Dear Pape Francis,
How can God hear us?
God bless you!

Love, Ryan

Dios nos escucha, ¿sabes, Ryan?

Sí, nos escucha. Pero no con las orejas. Por eso Dios nos escucha también aunque no hablemos. Él escucha al corazón. Jesús también lo dijo: cuando rezamos no tenemos que decir muchas cosas, no tenemos que hacer largos discursos a Dios; no son necesarios. Lo que debemos hacer es abrir bien nuestro corazón a Dios. Debemos abrir nuestro corazón tal como es. Así Dios puede escuchar lo que tenemos en el corazón. Él nos escucha así. Y Jesús, siendo Dios, está cerca de cada persona y escucha a todos. Es Dios y puede hacerlo.

Franciscus

Querido Papa Francisco:

¿El mundo volverá a ser hermoso, como lo era antes?

Respetuosamente,
Mohammed

Edad: 10 años
Siria

Querido Mohammed:

Nosotros creemos que Jesús vino para salvarnos y que venció al diablo. Pero también nos prometió que iba a volver. Nosotros lo estamos esperando. Y cuando vuelva, dice la Biblia, todo será nuevo: un nuevo cielo, una nueva tierra. No, el mundo entonces no será como era en el pasado. Será mucho mejor que como era en el pasado. En el mundo ahora hay mucho sufrimiento y desafortunadamente tú lo sabes bien. Hay gente que fabrica armas para que las personas luchen y hagan la guerra. Hay gente que tiene odio en el corazón. Hay personas que están interesadas solo en el dinero y por dinero lo venden todo, incluso venden a otras personas. Esto es terrible. Esto es sufrir.

Pero este sufrimiento está destinado a terminar, ¿sabes? No es para siempre. El sufrimiento hay que vivirlo con esperanza. No somos prisioneros del sufrimiento. Y tú expresaste esto en tu dibujo con el sol, las flores, los árboles y tu sonrisa mientras vuelas jugando a la pelota. Si nos perdonamos, iremos a nuestra casa que será muy hermosa porque habrá sido completamente transfigurada, transformada, por la presencia de Dios.

Querido Papa Francisco:

¿Te sientes como un padre para todos?

Sinceramente tuya,
Clara

Edad: 11 años
Irlanda

Querida Clara:

A todo sacerdote le gusta sentirse padre. La paternidad espiritual es de verdad muy importante. Yo la siento profundamente; no puedo pensar en mí mismo sino como padre. Y me gusta mucho tu dibujo de un gran corazón en el cual hay un papá con dos niñas. ¿Esa con el osito eres tú? Sí, Clara, me gusta ser un papá.

Franciscus

Querido Papa Francisco:

Estoy muy interesada en escribirte esta carta y en todo lo católico. Siempre me he preguntado algo. Quisiera saber si las personas malas también tienen ángel de la guarda.

Con mucho cariño,
Karla Marie

Edad: 10 años
Nicaragua

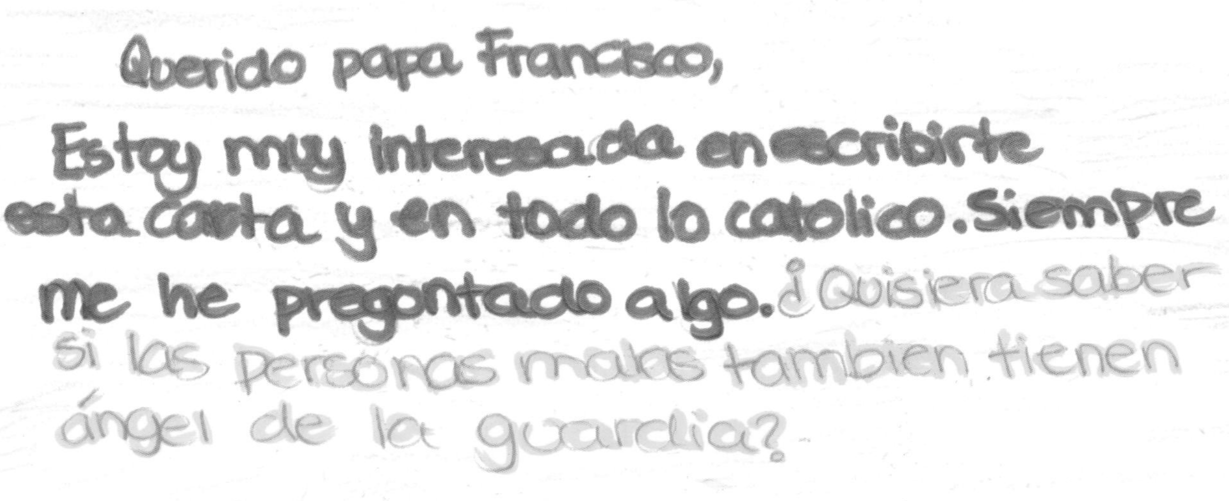

Querido papa Francisco,

Estoy muy interesada en escribirte esta carta y en todo lo catolico. Siempre me he pregontado algo. ¿Quisiera saber si las personas malas tambien tienen ángel de la guardia?

Con mucho cariño,
Karla

Querida Karla:

Todos tenemos un ángel de la guarda. Una forma de ayudar a las personas que hacen algo malo es rezar a su ángel de la guarda para que las ayude a hacer el bien. También podemos rezar a nuestro propio ángel de la guarda para que se haga amigo del ángel de la guarda de la persona que hace algo malo y lo ayude a hacerle razonar. Los ángeles de la guarda tratan de hacerles entender dónde se equivocan, les hacen sentir las cosas que no andan bien, les ayudan a pensar en cosas buenas, en una palabra: les cuidan. Los niños deben saber que todas las personas, ya sean buenas o malas, tienen un ángel de la guarda al que pueden rezar para que las ayude a mejorar.

Dios nos da ángeles para ayudarnos a mejorar, cambiar y ser personas que se comportan como le gusta a Dios. Pero claro, hay personas que no siempre escuchan a sus ángeles de la guarda, en algún caso casi nunca, pero aun así, su ángel siempre los acompaña. *Siempre*.

Querido Papa Francisco:

¿Por qué crees que los niños tienen que ir a catequesis?

Me gustó cuando saliste en el panfleto de la Campaña de la Fraternidad.

Ven otra vez a Brasil, me gustaría verte.

Un abrazo y un beso,
Ana Maria

Edad: 10 años
Brasil

Querido Papa Francisco

Porque você acha que as Crianças devem fazer Catequese?

Eu gosto quando você aparece no cartaz da Campanha da fraternidade.

Venha mais uma vez ao Brasil, gostaria de te ver.

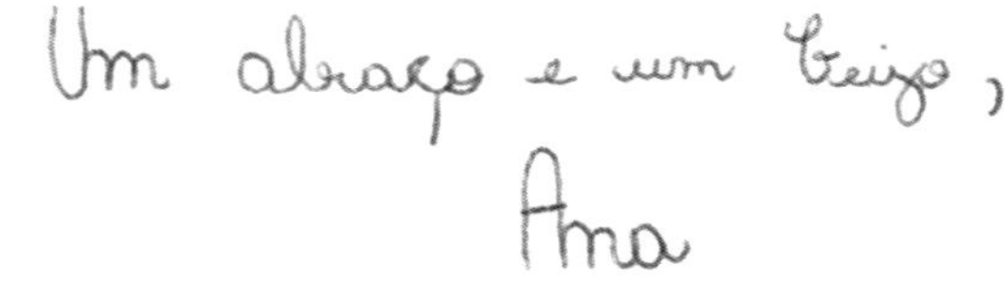
Um abraço e um beijo,
Ana

Querida Ana:

Vas a la clase de catecismo para conocer mejor a Jesús. Si tienes un amigo te gusta estar con él y conocerlo mejor. Te gusta jugar juntos, conocer también a su familia, su vida, dónde nació y dónde vive. Y eso es lindo. El catecismo te ayuda a conocer mejor a tu amigo Jesús y a conocer a su gran familia que es la Iglesia.

Pero hay muchas, muchas maneras de conocer a Jesús. Tengo que decirte una cosa: no tanto se aprende sobre Jesús sino que se le busca para conocerle como persona. Cuando buscas a Jesús, es él quien viene a tu encuentro y te ayuda a conocerle.

Yo puedo saber también muchas cosas sobre Jesús, pero esto no es suficiente. Aunque puedes conocer su historia, lo que ha hecho. . . a Jesús no se le conoce solo estudiándolo. Se conoce a Jesús leyendo el Evangelio, rezando, buscándolo en todo lo que haces, haciendo el bien a quienes están necesitados, ayudando a los enfermos. Entonces, si haces eso, será precisamente Jesús quien se acerque a ti para que tú lo puedas encontrar y conocer.

Franciscus

Dear Pope Francis,

My Mum is in Heaven.

Will she grow angel wings?

Querido Papa Francisco:

Mi mamá está en el cielo. ¿Le crecerán alas de ángel?

De Luca

Edad: 7 años
Australia

Querido Luca:

¡No, no, no! Tu mamá está en el cielo hermosa, espléndida, llena de luz. No le crecieron alas. Es exactamente la mamá que tú conoces pero más hermosa, como nunca antes. Y ella te mira y te sonríe a ti, que eres su hijo. Tu mamá está contenta cuando ve que te comportas bien. Si no te comportas bien, ella te quiere igualmente y le pide a Jesús que te ayude para que seas más bueno.

Piensa así en tu mamá: hermosa, sonriente y llena de amor por ti.

Franciscus

Querido Papa Francisco:

¿Cuál fue la decisión más difícil que tuviste que tomar en tu misión por la fe?

De Tom

Edad: 8 años
Reino Unido

Dear Pope Francis,

What was your hardest choice in your misson for faith?

From,

Tom

Querido Tom:

Me haces una pregunta que no es sencilla. En tu dibujo hay un signo de interrogación. Las decisiones difíciles son muchas, pero si tengo que decirte el tipo de decisión que para mí ha sido más difícil, debo decirte que es echar a alguien. Lo que quiero decir es que a veces tengo que quitar a alguien de una tarea de responsabilidad o de una posición de confianza o apartarlo de un camino porque no está a la altura.

Para mí, echar a una persona es realmente muy difícil. Me gusta confiar en la gente, en las personas con las que colaboro y en las personas que me han sido confiadas. Me siento mal si tengo que echar a alguien, pero a veces hay que hacerlo, sabes, incluso por el bien de la persona. Pero para mí es difícil aceptarlo.

Franciscus

Querido Papa Francisco:

¿Por qué te gusta jugar al fútbol?

Te deseo buena salud.

Firmado,
Wing

Edad: 8 años
China

Querida Wing:

Me gusta mucho el fútbol. Yo nunca jugué partidos serios porque nunca aprendí bien la técnica del juego. No soy ágil con mis pies, soy un patadura. Pero, ¿sabes por qué me gusta tanto ver jugar a los equipos en el campo? Porque veo que es un juego de equipo, de unión.

Me apasiona ver un partido. Si un jugador quiere jugar solo, entonces pierde y luego sus compañeros de equipo no lo quieren. Para jugar bien al fútbol hay que jugar en equipo, buscando el bien de todos y sin pensar en el bien personal o en hacerse ver a uno mismo. Así debería ser también en la Iglesia.

Franciscus

Querido Papa Francisco:

¿Por qué hay tanta gente tan pobre y sin comida? ¿Puede Dios dar a la gente pobre algo de comida, como lo hizo cuando alimentó a los 5.000?

Con amor, de Thierry

Edad: 7 años
Australia

Dear Pope Francis,

why are lots of people so poor and have No food? can God give the poor people Some food like He fed the 5000 people?

Love from Thierry

¡Sí, sí! ¡Puede hacerlo, Thierry!

Y continúa haciéndolo. En aquel tiempo Jesús dio el pan a los discípulos para que lo distribuyeran a toda la gente. Si los discípulos de Jesús no lo hubieran distribuido, la gente habría quedado hambrienta. Mira, en el mundo hay pan. Y hay para todos. El verdadero problema es que quien lo tiene no lo comparte con los otros, no lo distribuye. El problema no es Jesús, sino la gente egoísta que se lo quiere guardar para sí misma y no quiere compartirlo. Con esta gente Jesús es severísimo. Tenemos que aprender a compartir las riquezas que tenemos, la comida que tenemos. Así habrá para todos y todos estaremos contentos.

Franciscus

Querido Papa Francisco:

¿Por qué veneramos la cruz?

¿Cómo estás? Yo estoy bien.

Atentamente,
Tadiwanashe

Edad: 10 años
Zimbabue

Kuna Papa

Ndanyora tsamba iyi ndichida kukubvunzai mubvunzo unoti nemhaka yei tichipfugamira chipiyaniso?

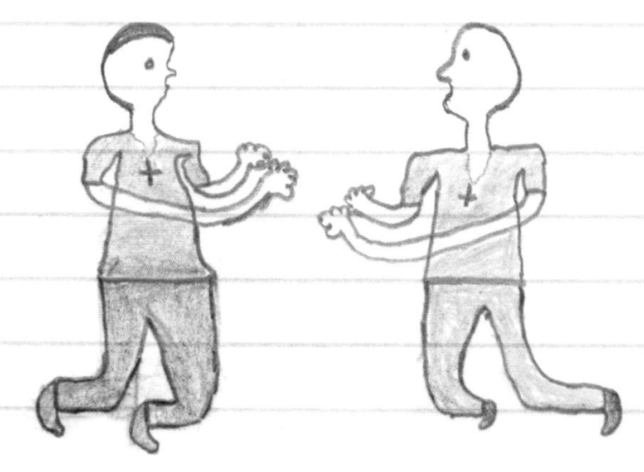

Makadii henyu? Ini ndinofara

Ndini wenyu

Tadiwanashe

Querido Tadiwanashe:

Veneramos, honramos, la cruz porque san Pablo dice que la cruz es nuestra gloria. La cruz es el lugar donde Jesús venció, donde consiguió la victoria sobre el mal y la muerte. En los Juegos Olímpicos cuando uno gana, lo ponen en una posición alta y le dan una linda copa. La copa de Jesús es su cruz, su triunfo. Por eso nosotros la veneramos. Con su muerte en la cruz, Jesús venció a la muerte. ¡Él ganó! La cruz es el signo de esta victoria y por eso la veneramos. Nuestra gloria está en la cruz. El diablo está vencido y por eso tiene tanto miedo de la cruz. Es el signo de su derrota.

Franciscus

Querido Papa Francisco:

¡Buenos días! ¿Cómo puedo encontrar a Dios en mí y en mi familia?

¡Bendíceme!

Con amor,
Mansi

Edad: 9 años
India

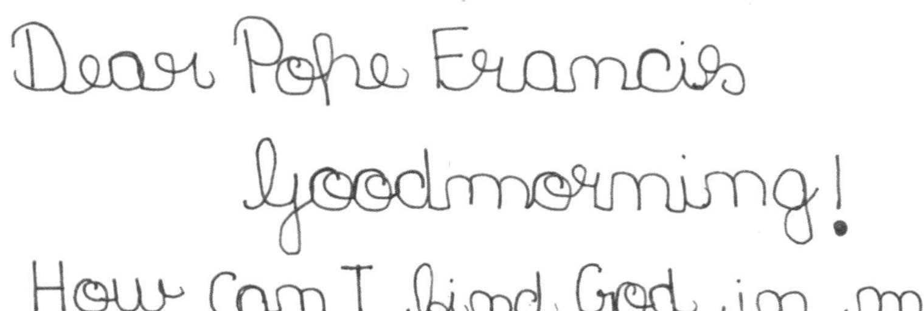

Dear Pope Francis

Goodmorning!

How can I find God in me and in my family? Bless me!

With Love

Mansi

Querida Mansi:

Puedes encontrar a Dios en tu familia queriendo mucho a tu mamá, a tu papá, a tus hermanos y hermanas, al abuelo, a la abuela y a los tíos. Si quieres a tus familiares, encontrarás a Dios y todo será armonioso. Tu dibujo es así: hermoso, sereno, armonioso. Tú estás en él y se ve que eres feliz. Hay también animales y plantas, está tu casa, y aunque las puertas están cerradas, se ve salir el humo de la chimenea.

El amar, sin embargo, no es solo fruto de *tu* esfuerzo. Es también una gracia que se recibe de Dios. Y es una gracia que se debe cultivar. Tienes que regarla como a una planta. Aprende a regar cada día la gracia de querer mucho a tu familia. Así encontrarás a Dios en tu hogar.

Franciscus

Querido Papa Francisco:

Me gustaría saber por qué nos creó Dios aun sabiendo que íbamos a pecar contra él.

Con amor,
Maximus

Edad: 10 años
Singapur

Dear Pope Francis,

I would like to find out

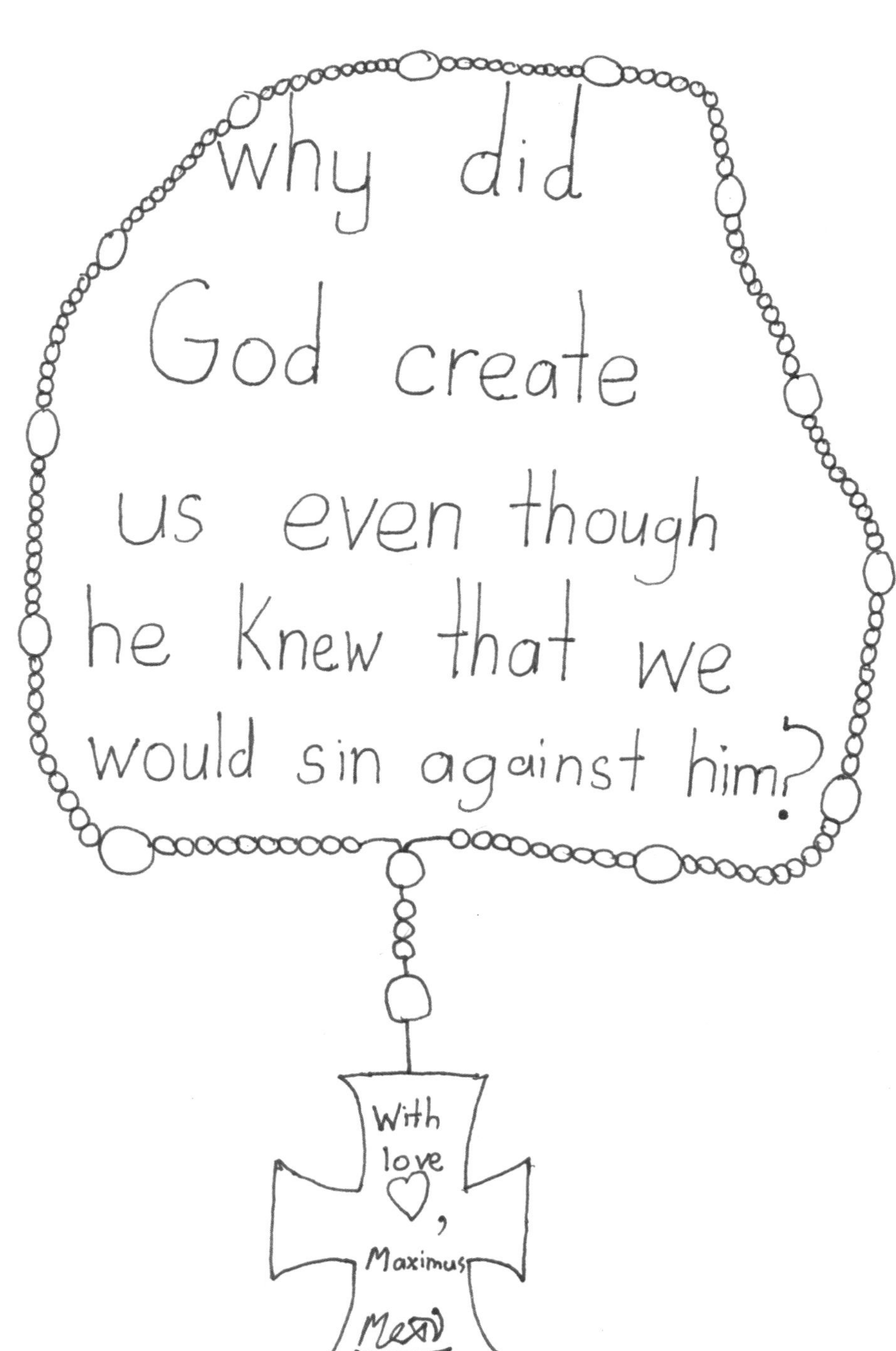

Querido Maximus:

Porque Dios nos creó como es él. Dios nos creó libres. La libertad es el don más hermoso que nos ha dado, ¿sabes eso? Y ser libres significa que podemos elegir pecar. Pero cuánta gente tiene miedo a la libertad. Esto es un serio problema hoy en día.

Muchas personas tienen miedo de su propia libertad y también de la de los demás. Así, algunos prefieren relacionarse con una mascota, que puede dar mucho afecto pero no tiene la libertad de otro ser humano. La libertad puede dar miedo porque no es programable como una máquina. Y justamente por eso la libertad es hermosa y es el don más grande de Dios.

Franciscus

Querido Papa Francisco:

Me gustaría preguntarte:
¿Es difícil tu profesión?
¿Le caías bien a la gente?
¿Qué querías ser cuando tenías mi edad?

Me llamo Basia.
Tengo ocho años.
Me gusta el color verde.

Basia

Edad: 8 años
Polonia

Querida Basia:

Tengo que confesarte una cosa. A tu edad, yo quería ser carnicero. No, no te sorprendas ahora. ¿Sabes por qué? Cuando tenía tu edad iba con mi abuela al mercado y había un carnicero que era muy simpático conmigo. Era grande y gordo y tenía un delantal largo con un bolsillo grande delante. Cuando mi abuela pagaba, él metía las manos en el bolsillo grande. Estaba lleno de dinero y daba el cambio a la abuela. Yo pensaba que era un hombre muy rico. Todo esto me impresionaba y yo quería ser como él. Es cómico pero tenía que confesarte esta historia.

Franciscus

Dear Pope Francis,
How can you settle conflicts in the world?

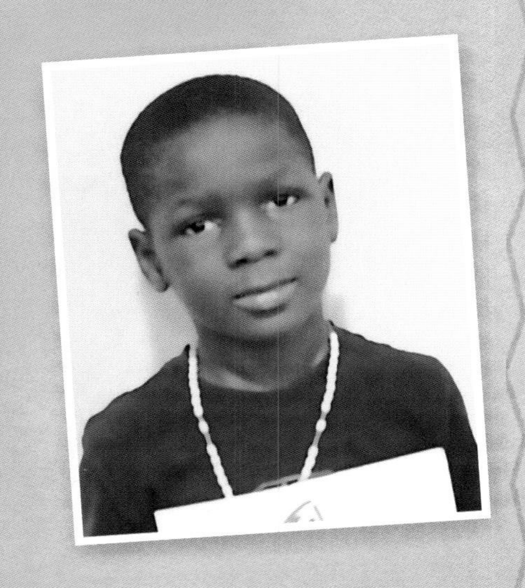

Querido Papa Francisco:

¿Cómo puedes solucionar los conflictos que hay en el mundo?

Michael

Edad: 9 años
Nigeria

Querido Michael:

Hay que ayudar a las personas de buena voluntad a hablar de la guerra como algo malo. La gente quiere hacer la guerra para tener más poder y más dinero. La guerra es solamente el fruto del egoísmo y de la avaricia. Yo no puedo resolver todos los conflictos del mundo, pero tú y yo podemos tratar de hacer de esta tierra un mundo mejor. La gente sufre y tu dibujo también muestra tristeza. Tú conoces el conflicto, lo veo. Pero no hay una varita mágica. Hay que convencer a todos de que la mejor manera de ganar una guerra es no hacerla. No es fácil, lo sé. Pero yo lo intento. Inténtalo tú también.

Franciscus

Дорогой Папа римский - Франциск!
Меня зовут Настя. Я живу в России
и в этом году я приняла первое причастие.
Я хочу у вас спросить, что я как ребёнок
могу сделать для того, чтобы возрастало
количество кристиан среди моих сверстников.
Спасибо. До свидания.

Настя

Querido Papa Francisco:

Me llamo Nastya. Vivo en Rusia. Este año hice mi Primera Comunión. Me gustaría preguntarte lo que yo, como niña, puedo hacer para ayudar a que crezca el número de cristianos de mi edad. Gracias. Adiós.

Nastya

Edad: 10 años
Rusia

Querida Nastya:

¡Qué lindo dibujo! ¡Se ve que estás acostumbrada a ver iconos y a rezar! Tú de verdad tienes un hermoso deseo: aumentar el número de los que aman a Jesús y lo buscan. Esto es algo muy hermoso. Yo te animo. La mejor manera de realizar tu deseo es rezar a Jesús para que aumente el número de fieles y rezar por todos los que anuncian el Evangelio, por los párrocos y las personas consagradas. Pero, sobre todo, ¡depende de ti! Da tu testimonio de cristiana allí donde vives, en tu familia, entre tus amigos, en tu ciudad. Tienes que ser testigo de la fe que tienes en el corazón. Esta es la respuesta: reza y sé testigo del amor de Jesús.

Franciscus

Querido Papa Francisco:

1. ¿Por qué necesitas ese sombrero alto?
2. ¿Por qué algunos santos tienen heridas?

Faith
de Singapur

Edad: 8 años
Singapur

Dear Pope francis,

1. Why do you need that tall hat?

2. Why do some saints have the wounds?

Querida Faith:

En tu dibujo, yo tengo mi sombrero alto y tú tienes tus cabellos al viento. Y estamos de la mano. ¡Gracias por este dibujo tan bonito! Mi sombrero alto es el símbolo de los obispos. Me lo pongo en algunas ocasiones especiales y durante la misa. Significa que soy obispo. De vez en cuando lo cambio, pero a mí me gusta el que tenía en Argentina, en Buenos Aires. Me gusta. Cuando venía a Roma antes de ser papa traía dos sombreros: uno todo blanco para las celebraciones con el Papa y otro normal para algunas celebraciones que hacía yo aquí en Roma. Y ese lo tengo conmigo todavía.

Me preguntas también por las heridas de los santos. Sí, algunos santos tuvieron estigmas, como san Francisco. Ellos querían tanto a Jesús que deseaban ser como él. Querían imitarlo. Entonces, Jesús les dio esta gracia: la de tener sus mismas heridas. Y así fue como se hicieron físicamente como él. Pero cuidado, ¡no todos los que tienen heridas son santos!

Franciscus

Querido Papa Francisco:

¿Por qué ya no ocurren tantos milagros?

Joaquín

Edad: 9 años
Perú

¿Por qué ya no ocurren tantos milagros?

Querido Joaquín:

Pero, ¿quién te dijo eso? ¡No es cierto! También ahora ocurren milagros. Todos los días hay milagros, y hay muchos. Por ejemplo el milagro de la gente que sufre y no pierde la fe. Mucha gente sufre y sigue siendo fiel a la promesa de Jesús; esto es un milagro, un gran milagro. Pienso también en nuestros mártires en el Oriente Medio que se dejan matar por no renegar de Jesús. Esto es otro gran milagro. Y además, sí, hay también curaciones.

Pero, sobre todo, están los milagros de cada día, los milagros de la vida y de las buenas obras que cambian el corazón de la gente. Tú los puedes reconocer. Yo también he experimentado muchos milagros. No, no son milagros espectaculares. Yo nunca he visto resucitar a un muerto, no. Pero he visto tantos milagros cotidianos en mi vida. Tantos.

Franciscus

Querido Papa Francisco:

Si pudieras hacer un milagro, ¿cuál sería?

Te quiere,
William

Edad: 7 años
Estados Unidos de América

Dear Pope Francis,
If You could do 1 Miracle
What would it be?
Love,
William

Querido William:

Yo curaría a los niños. Todavía no he podido llegar a entender por qué los niños sufren. Para mí es un misterio; no sé dar una explicación. Me pregunto sobre ello y rezo sobre tu pregunta. ¿Por qué sufren los niños? Es mi corazón que se hace esa pregunta. Jesús ha llorado y, llorando, ha entendido nuestros dramas. Yo también trato de entender. Si pudiera hacer un milagro, curaría a todos los niños.

Tu dibujo me hace reflexionar: hay una gran cruz oscura y detrás hay un arco iris y el sol que brilla. Me gusta. Mi respuesta al dolor de los niños es el silencio o una palabra que nace de mis lágrimas. No tengo miedo de llorar. Tampoco tú debes tenerlo.

Franciscus

Los niños pequeños también tienen GRANDES preguntas

Le llevo unas cartas muy especiales al Papa Francisco. . .

Es una calurosa tarde de agosto en Roma. Estaciono mi carro azul a la sombra de un edificio cerca de la Casa Santa Marta. Entro y saludo al guardia suizo. Le digo que tengo una cita con el Santo Padre. "Lo sé", me contesta. Indicando con la mano me invita al interior. Entro e inmediatamente me dicen que puedo subir, que el Papa me está esperando. Lamento no haber llegado un poco más temprano. Me subo al ascensor y presiono el botón del segundo piso. Se abren las puertas y me doy cuenta de que me he equivocado de piso. Presiono el botón del tercer piso. Se abren las puertas y veo a otro guardia suizo, sonriéndome pero sin decir una palabra.

"Y ahora, ¿qué hago?", le pregunto. "Sígame", me dice el guardia. Y me invita a que sea yo mismo el que toque a la puerta. ¿Qué podría ser más normal que tocar a una puerta? Pero esta es la puerta del Papa Francisco. Noto que, de hecho, la puerta está medio abierta. Toco. Oigo una voz desde el interior, pero no puedo entender lo que está diciendo. Espero, pero me atrevo a mirar por la pequeña apertura que hay. Mis ojos llenos de curiosidad se encuentran con el rostro sonriente del Papa justo cuando se acerca y abre la puerta.

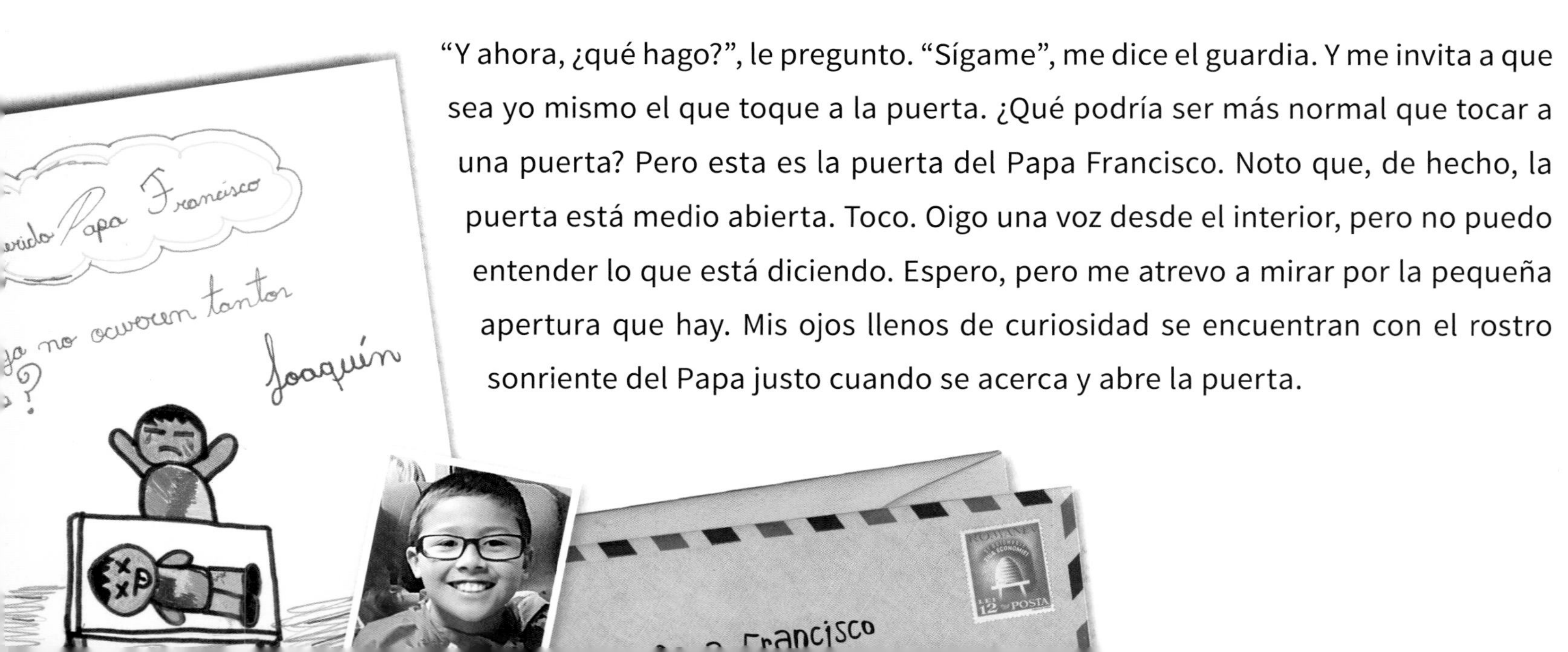

Entro, nos saludamos y hablamos. Él sigue parado y me pregunta si quiero algo para tomar, agua o algún jugo. "Agua es suficiente", le contesto. Y sonriendo, me pregunta: "¿estás seguro?". Le digo: "no, jugo de albaricoque, por favor". Él ya me había servido jugo de albaricoque dos años antes, cuando lo entrevisté para la revista *La Civiltà Cattolica* y para otras revistas jesuitas de todo el mundo. "Bien", dice. "¿*Gelato*, sí o no?". "Sí, *gelato*", le contesto. El Papa abre un refrigerador pequeño y me sirve. Él toma agua del tiempo.

Nos sentamos y comenzamos a hablar de muchas cosas. Pero yo he venido para hablarle en nombre de los niños que, desde muchas partes del mundo, le han escrito preguntas y hecho dibujos. Sí, niños de diversas instituciones jesuitas de todo el mundo han escrito preguntas para el Papa Francisco, esperando recibir una respuesta. También le han enviado saludos y besos. El Papa ha aceptado responder a treinta de las muchas preguntas que le han enviado. Habría sido maravilloso que hubiera podido responderlas todas. Al Papa Francisco le gusta responder a las preguntas de los niños.

Le entrego las preguntas y los dibujos. El Papa está intrigado; las hojea, las lee y entonces dice: "¡Pero si estas son preguntas muy difíciles!".

¡De verdad lo son! Las he leído y también he visto que son muy difíciles. Las preguntas de los niños no han pasado por un filtro, nadie las ha retocado, no hay forma de ignorarlas. Son preguntas directas, claras, incluso bruscas. Uno no se puede escapar yéndose a la sombra de conceptos altamente abstractos ni a razonamientos particularmente complicados. Estas preguntas también son muy prácticas.

Nuestra imaginación no puede sino viajar a los lugares donde viven estos niños.

Pongo en funcionamiento dos grabadoras y comenzamos. Lo sé, lo entiendo: al Papa le gustaría tener a estos niños frente a él. Al Papa Francisco le encanta ver los rostros de la gente que le hace preguntas. He sido testigo de ello muchas veces. Ahora, sin embargo, solo me tiene a mí enfrente y claramente la mía no es la cara de ningún niño. Por eso noto que, de vez en cuando, el Papa mira a lo lejos y responde al niño a quien trata de imaginar. Responde, no mirándome a mí, sino mirando a la imagen hipotética de Ryan, João, Nastya, Emil, Tom, Ivan. . . En su mirada veo amor, cariño. Sé que les responde desde su corazón. Intenta imaginárselos. Le encantaría tenerlos aquí, a su lado.

Pero yo no me puedo quedar quieto, simplemente *leyendo* las preguntas. Me identifico con ellos. Con esa pregunta o con aquella le digo al Papa que yo mismo le hice esa pregunta a mi mamá. Me sorprenden sus respuestas y de vez en cuando le hago otra pregunta. Otras veces me río a carcajadas. Una vez le dije: “¿Cómo puede ser eso?” y “¡No me diga!”. En otras palabras, me relaciono con el Papa, quien a su vez se está relacionando en su corazón con el niño o la niña que le ha hecho la pregunta. Es una situación un poco curiosa, pero hermosa.

El Papa Francisco observa los dibujos. Mientras responde a las preguntas, o una vez que lo ha hecho, analiza e interpreta los dibujos. Cada dibujo es parte de la pregunta. Me doy cuenta de que a veces el Papa capta, con su finura espiritual, el significado de la pregunta a través de la imagen más que a través de las palabras que le leo.

Pasamos así más de una hora y media ininterrumpida. Con él sentado en el sofá y yo en un sillón, nuestra imaginación no puede sino viajar a Canadá, Siria, China, Argentina, Albania. . . los lugares donde viven estos niños, en sus bellos jardines o en los campos de refugiados. Los vemos a través de sus dibujos. Al final, apago mis grabadoras. Son las 5:30 de la tarde.

El Papa parece feliz pero me dice claramente lo que yo ya había notado: "Es maravilloso responder a las preguntas de estos niños, pero debería haberlos tenido aquí conmigo, ¡a todos ellos!". Sé que eso habría sido hermoso. Pero también sé que este libro llegará a las manos de muchos niños de todo el mundo que hablan idiomas diferentes. Y eso me hace feliz.

Recojo los dibujos, las grabadoras, mis notas y termino de beber mi jugo de albaricoque. Charlamos un poquito más y el Papa me acompaña hasta el ascensor. Le agradezco el tiempo que me ha dedicado y me mira, repitiéndome lo que yo ya sé: "No te olvides de rezar por mí". "Siempre lo hago", le contesto, mientras las puertas del ascensor se cierran y yo disfruto, todavía por un instante, de su sonrisa.

Una vez que llego a casa, pongo por escrito lo que he grabado como si estuviera haciendo una larga meditación. Me acuerdo de una cosa que escuché decir al Papa hace un tiempo, en un discurso a los superiores generales de órdenes religiosas: "Me viene a la mente cuando Pablo VI recibió la carta de un niño con muchos dibujos. Pablo VI dijo que, a un escritorio al que llegan solo cartas con problemas, la llegada de una carta así le hizo tanto bien. La ternura nos hace bien".

Me doy cuenta de que el lenguaje del Papa Francisco es simple y de que él vive en palabras sencillas. Porque Dios es sencillo. La ternura de Dios se revela en su sencillez. Uno no debe complicar a Dios, especialmente si esta complicación distancia a Dios de las personas. Dios está con nosotros, y para estar verdaderamente cerca de nosotros, Dios tiene que ser sencillo. La presencia misma de una persona es sencilla. Incluso la presencia física del Papa Francisco tiene el sabor de la sencillez. Y ese sabor también está en las cosas más profundas que dice, en sus respuestas a los niños. Estoy seguro de esto: que las respuestas del Papa Francisco a estas preguntas harán bien a todos, especialmente a quienes rechazan tener la sencillez de los niños.

El Papa Francisco con el padre Spadaro, S.J.

Antonio Spadaro, S.J.
Director de La Civiltà Cattolica

Datos curiosos

Los niños no se demoraron en escribir al Papa Francisco. Respondieron rápidamente con preguntas y dibujos que iban de lo divertido a lo serio, de lo curioso a lo profundo. Cuando el Papa Francisco vio las cartas por primera vez sonrió y dijo: "¡Pero si estas son preguntas muy difíciles!".

El libro en números:

- **259 cartas recibidas**
- **Desde 26 países**
- **De los 6 continentes**
- **Escritas en 14 idiomas**
- **Reunidas con la ayuda de decenas de voluntarios entusiastas**

Lo que aprendimos: los niños tratan de entender el mundo y buscan ayuda en nosotros, los adultos. El Papa Francisco muestra su profundo amor y respeto por los niños dedicando tiempo a escucharles, mirarles y responderles desde el corazón. El Papa Francisco tiene el corazón de un pastor que se preocupa profundamente por su tierno rebaño.

de todo el mundo

Amor y gratitud

Este libro ha sido un proyecto de amor por parte de todos los que en él han participado, incluyendo a Su Santidad el Papa Francisco, quien esperó ansiosamente las cartas de los niños y las respondió desde el corazón; Antonio Spadaro, S.J., quien a pesar de tener una apretada agenda, organizó el encuentro con el Papa Francisco y transcribió sus respuestas; y el equipo de Loyola Press, demasiados para nombrar, que adoptó este proyecto con profunda alegría.

Nuestro amor y gratitud para:

- Cada uno de los niños que compartieron sus preguntas y dibujos. Hemos elaborado un libro con todas la cartas enviadas que le ha sido entregado al Papa Francisco.
- Para todos los niños que lean este libro, ya sea solos o con sus padres, abuelos, hermanos, maestros o cualquier otra persona que se preocupe por ellos. Sepan que sus preguntas son buenas y los pueden llevar a Dios. Deben confiar sus preguntas a aquellos que los quieren y que quieren lo mejor para ustedes.

Esta es una lista de sacerdotes jesuitas y colegas laicos que, en ocho semanas, reunieron las cartas de más de 250 niños de todas las regiones del mundo.

Albania: Zef Bisha, S.J.; **Argentina:** Elisabetta Piqué; **Australia:** Elizabeth Kaye, Richard Leonard, S.J.; **Bélgica:** John Dardis, S.J., Philip Debruyne, S.J.; **Brasil:** Eduardo Henriques, S.J., Antonio Tabosa, S.J.; **Canadá:** Frank Obrigewitsch, S.J., Jeannine Pistawka; **China:** Irene Cheung, Stephen Chow, S.J., Louis Gendron, S.J., Emmanuel Lim, S.J., Rachel Xiaohong Zhu; **España:** Juan Carlos Manso Pérez; **Estados Unidos:** Fr. Louis J. Cameli, Beth Carroll, Pat Casey, S.J., Elisa Ciaglia, Beatrice Ghislandi, Gary Jay, Mary Larkin, Chris Lowney, Yvonne Micheletti, Gary Smith, S.J., George Witt, S.J.; **Holanda:** Nikolaas Sintobin, S.J.; **India:** Sunny Jacobs, S.J., George Pattery, S.J., Robert Slattery, S.J.; **Irlanda:** Laoise Breathnach, Pat Coyle; **Islas Filipinas:** Karen Goh, Mari Bianca Orenciana; **Italia:** Patrick Mulemi, S.J., Giovanni Notari, S.J.; **Kenia:** Hermana Victorine Nyang'or, I.B.V.M.; **Nicaragua:** Ruth Albuquerque, Julie Falbo, Kathleen McBride; **Nigeria:** Reverendísimo Hyacinth Ogbodo, C.S.S.p., diácono Lawrence R. Sutton, PhD; **Perú:** Oscar Morelli, S.J.; **Polonia:** Przemek Mąka, S.J.; **Portugal:** Ana Guimaraes; **Reino Unido:** Ruth Morris, Cathy Poloczek; **República Dominicana:** Jose Victoriano, S.J.; **Rusia:** Stephan Lipke, S.J.; **Singapur:** Mark Aloysius, S.J., Julie Phua; **Siria:** Tony Homsy, S.J.; **Zimbabue:** Joseph Arimoso, S.J.

Tom McGrath

Tom McGrath
Director de libros de espiritualidad,
Loyola Press